文／品學堂創辦人、《閱讀理解》學習誌總編輯　**黃國珍**

全球的教育興起了巨大變革，評測也從單純檢視學生是否記得老師講的內容，演變到鑑別學生是否具備能自主學習的能力與素養。即使面對沒看過的內容、老師沒有講解過的問題，學生依舊能透過正確的理解，使用知識與經驗，解決未曾面對過的問題。這是人類文明開展的原因，是面對未來應該要具備的能力。

　　根據 PISA（Programme for International Student Assessment）國際學生能力評量計劃中閱讀素養的指標，閱讀素養不再僅指學校所習得的語文能力。而是更進一步應用於個人在各類生活情境中，與人互動和參與社會，所建構出一種可增長知識、技能及策略的能力。換句話說，新課綱對閱讀能力的要求，從過去「單向」的閱讀理解：學生是否有能力進行流暢的閱讀，能否明白詞彙用法和進行書寫，近一步要求「全方位」的閱讀應用。除一般語文理解外，還需能夠反思閱讀內容、建構上層意義，並對閱讀內容或形式進行批判與省思。要符合國際如此高標準的閱讀要求，除了廣泛閱讀之外，更需要提供有效培養合於指標的思考與回答的練習，這也是親子天下《晨讀 10 分鐘》系列委請品學堂設計題本的目的。讓孩子在探究與思考的閱讀過程中，將未知轉為已知，讓問題擁有答案。期待這套書能陪伴您與孩子一起走向未來。

羅丹——真實中見不平凡的偉大

問題一 〔擷取訊息〕

（　　）羅丹是受何人的啟發，立下終身的志向？

1. 賽尚
2. 雷諾瓦
3. 巴爾札克
4. 米開朗基羅

問題二 〔擷取訊息〕

（　　）羅丹為什麼曾一度放棄自己的志向？

1. 父親阻撓
2. 親人過世
3. 經濟窘迫
4. 信仰宗教

親子天下 × 品學堂

[中學生]

晨讀10分鐘

堅持夢想
我前進
閱讀素養題本

品學堂 提問設計

與 PISA 及國際閱讀素養接軌，
打造閱讀理解力，迎向 108 課綱核心素養

我們都在提問中思考，在答案裡學習

　　大海的另一端是什麼？星光距離我們多遠？為什麼月亮會有圓缺的變化？人類對這世界好奇所開展的探究與理解歷程，讓人類逐步認識自己生活的世界，同時也開展對自身的了解，並且成就人類的文明發展。

　　認識世界的過程是段漫長的歷史，人類對世界萬象的解釋，從充滿眾神間恩怨情仇的神話，發展到以神的話語為主，作為知識威權與生活教條的宗教年代，再到相信理性所建構的知識，能解決人類問題的啟蒙時代。這過程中的好奇或質疑，勇於求知的精神，將人類心靈從原始的狀態中逐步解放出來。

　　客觀來說，人類文明之所以能開展，其原因並非因為我們擁有答案。關鍵是找到答案背後，發現問題、解決問題的能力。因此，108課綱才將「發現問題、解決問題的終身學習者」，作為具有素養的學生表現。

　　談到學習，我們在一般認知上看待「學習」，著眼於認識新事物，增加新知識。但是在越來越多真實的生活情境中發現，學習並不是純然了解未曾認知的新事物，更多是需要「更新自己以為知道的事」，這觀念在當前這時代更顯重要。但檢核自己的學習與認知是否正確或已有更新，最主要的方式還是透過評測作答的結果來判斷。也因此，

( ) 請問羅丹未能考上巴黎美術學院的原因為何？

❶ 其創作與當時主流審美觀不符

❷ 其創作如工廠製造過於機械化

❸ 其創作取材史實具古希臘風格

❹ 其創作著重模仿美術學院作品

問題四 〔統整解釋〕

( ) 從羅丹的作品中，可以發現其創作理念為何？

❶ 雕塑作品時需發揮創意避免受到現實的束縛

❷ 雕塑作品需透過適當製造殘缺達成寫實效果

❸ 雕塑的靈感可以在自然中尋找不平凡的特徵

❹ 雕塑作品應展現人物的真實外表與精神內涵

問題五 〔省思評鑑〕

( ) 作者在本文開頭介紹羅丹之前，引用了巴爾札克的名言，具有什麼作用？

❶ 暗喻羅丹的才華與命運之間的關聯

❷ 諷刺世人對於羅丹雕塑作品的看法

❸ 解釋羅丹被指派塑造巴爾札克的由來

❹ 提升羅丹作品具有藝術價值的說服力

甘地——和平抗爭，就是不跟你合作

≫ 問題一 〔統整解釋〕

(　) 請問甘地因為哪個事蹟而被尊稱為聖雄？

　❶ 出身平凡天資平庸，卻遠赴英國求學

　❷ 自英國學成歸國後，卻願到南非服務

　❸ 堅持以和平方式號召，爭取印度獨立

　❹ 其思想影響了南非、美國的抗爭行動

≫ 問題二 〔擷取訊息〕

(　) 甘地因為什麼事情，而決定留在南非？

　❶ 希望有機會能按照基督教儀式舉行婚禮

　❷ 南非較不會歧視曾受英國教育的印度人

　❸ 成為律師後首次接案失利，無顏返回故鄉

　❹ 買頭等車票搭乘火車，卻仍被站務員驅趕

問題三 〔統整解釋〕

（　）下列何者符合甘地所發起行動的精神？

- ❶ 小明號召社區民眾拒買，禁止導盲犬入內的超市
- ❷ 小花報警檢舉，攜帶流浪貓搭乘大眾運輸的乘客
- ❸ 小葛為了健康養生，每天自己種植蔬果自製便當
- ❹ 小柔因為連續轉扭蛋都轉到同款，怒告店家詐欺

問題四 〔擷取訊息〕

（　）印度得以獨立，除了甘地精神獲得印度人的支持外，作者認為下列何者帶來關鍵性的轉折？

- ❶ 世界各國支持甘地
- ❷ 甘地開始在獄中絕食
- ❸ 首次出現不合作運動
- ❹ 民眾以武力對抗政府

問題五 〔統整解釋〕

（　）作者在本文開頭提到對於偉人傳記的公式，具有什麼意圖？

- ❶ 教導讀者如何寫好偉人傳記
- ❷ 摘要本文所記錄的偉人事蹟
- ❸ 介紹偉人傳記給人的刻板印象
- ❹ 反襯本文主角實踐的英勇事蹟

堅持夢想我前進

問思時間

伽利略──「佛羅倫斯 科學歷史博物館」竊盜案

≫ 問題一 〔擷取訊息〕

（　）伽利略因為觀察到教堂中吊燈的哪個特性，讓他得到製作脈搏計的靈感？

❶ 擺動頻率與脈搏相符

❷ 擺動時不受風吹影響

❸ 來回擺動的時間穩定

❹ 有聲音時會影響擺動

≫ 問題二 〔統整解釋〕

（　）伽利略打算在比薩斜塔進行實驗的目的是什麼？

❶ 應付教會提出的要求

❷ 觀察月球行進的規則

❸ 確認建築物的安全性

❹ 驗證物體掉落的理論

問題三 〔統整解釋〕

(　　)文中介紹了亞里斯多德與伽利略在哪些議題上持相反觀點？

甲、月亮表面的特色　　乙、時間的計算方式
丙、地球與太陽的關係　丁、物品掉落時的原理

❶ 甲、乙、丙　　　　　❷ 甲、乙、丁
❸ 甲、丙、丁　　　　　❹ 乙、丙、丁

問題四 〔統整解釋〕

(　　)伽利略為何會對於教廷感到不滿？

❶ 教廷聲稱有伽利略發明的所有權
❷ 教廷不願相信伽利略提出的理論
❸ 教廷禁止伽利略進入比薩斜塔
❹ 教廷打壓認同伽利略觀點的民眾

問題五 〔省思評鑑〕

(　　)作者主要透過何種方式來介紹伽利略這個人物？

❶ 模擬伽利略與現代人的對話，帶出伽利略的發明
❷ 引用伽利略所留下來的文字，揣想伽利略的心境
❸ 比較伽利略與前人理論的差異，凸顯伽利略的智慧
❹ 解答伽利略所留下的數學公式，致敬伽利略的創見

吳寶春——
世界冠軍麵包裡的故事

❯❯ 問題一 〔擷取訊息〕

（　　）在剛成為學徒時被師傅責罵，讓吳寶春意識到何者
的重要性？

➊ 技術
➋ 品味
➌ 尊師
➍ 學習

❯❯ 問題二 〔擷取訊息〕

（　　）根據本文，陳撫光透過什麼方式幫助吳寶春？

➊ 引薦吳寶春擔任麵包學徒
➋ 推銷吳寶春所獨創的麵包
➌ 鼓勵吳寶春養成閱讀習慣
➍ 帶領吳寶春四處體驗美食

問題三 〔統整解釋〕

(　) 根據吳寶春自己的陳述，母親對他最大的影響是什麼？

1 教導他製作麵包的技巧
2 培養他虛心求教的態度
3 激發他奮發向上的意志
4 提醒他學習知識的目的

問題四 〔統整解釋〕

(　) 吳寶春認為傳統麵包師傅最缺乏的是什麼？

1 持之以恆的練好單一技術
2 跨領域學習及培養品味
3 符合國際標準的烘焙設備
4 接納後輩提出的諸多建議

問題五 〔擷取訊息〕

(　) 拿下國際比賽冠軍之後，吳寶春接下來的目標是什麼？

1 培養優秀的麵包師傅
2 引進國外的麵包品牌
3 舉辦自己的麵包競賽
4 研發多元的麵包類型

李安——
真誠的心感動世界

問題一 〔擷取訊息〕

（　）根據本文，李安為什麼認為拍攝電影時，抱持「真誠的心」很重要？

❶ 如此才能拍出觸動觀眾的作品
❷ 如此才能打動投資商出錢贊助
❸ 如此才能構思正向積極的故事
❹ 如此才能使拍攝團隊團結一心

問題二 〔統整解釋〕

（　）根據本文，李安的作品透過什麼方式打破制式的權威？

❶ 只選擇異國文化的故事來拍攝
❷ 以有別於主流的角度探討議題
❸ 拒絕將政府補助納入拍攝經費
❹ 大多採用素人身分的演員出演

問題三 〔統整解釋〕

(　) 本文透過李安與袁和平的相處過程，凸顯李安的哪種面貌？

❶ 對電影細節的極致追求

❷ 致力打破主流的價值觀

❸ 對待劇組如同家人般親密

❹ 全心推動東西方文化融合

問題四 〔擷取訊息〕

(　) 根據本文，李安在經歷不同群體間的碰撞後，決心肩負何種使命？

❶ 透過電影為底層的弱勢族群發聲

❷ 推動東方與西方文化的交匯融合

❸ 大力發掘新生代的電影業界人才

❹ 以電影保存臺灣多元文化的樣貌

問題五 〔擷取訊息〕

(　) 李安為什麼認為：好的電影是一種「刺激」？

❶ 能觸動情感、引發討論

❷ 能傳達正向的價值觀念

❸ 注重畫面的精緻和美學

❹ 結局能撫慰觀眾的心靈

周杰倫——東風不破，震動所有為音樂而熱切的心

✘ 問題一 〔統整解釋〕

（　）文章開頭為什麼要提到北京、首爾、東京等例子？

　　❶ 凸顯周杰倫的影響範圍深遠

　　❷ 強調周杰倫受多國文化啟發

　　❸ 說明各國對周杰倫評價不一

　　❹ 比較各國類似周杰倫的人才

✘ 問題二 〔擷取訊息〕

（　）根據本文，方文山對於周杰倫的作品有什麼貢獻？

　　❶ 為其拍攝經典的 MV

　　❷ 替其譜寫上口的旋律

　　❸ 為其創作雅致的歌詞

　　❹ 替其撰寫精彩的劇本

問題三 〔統整解釋〕

(　) 根據本文，周杰倫的成功在其同事眼中，是因為他具備下列何種特質？

❶ 他在任何領域皆追求完美
❷ 他的創作靈感來自影視劇
❸ 他的態度謙虛且待人和善
❹ 他能駕馭不同風格的音樂

問題四 〔統整解釋〕

(　) 文中為什麼會說：「沒有葉惠美的殷殷栽培，今日華語歌壇將會清冷不少」？

甲、她引領周杰倫接觸音樂　　乙、她教授周杰倫鋼琴技法
丙、她督促周杰倫堅持練習　　丁、她給予周杰倫愛與關懷

❶ 甲、乙、丙　　　　　❷ 乙、丙、丁
❸ 甲、丙、丁　　　　　❹ 甲、乙、丁

問題五 〔省思評鑑〕

(　) 本文透過什麼寫作手法介紹周杰倫？

❶ 按照年分先後，依序介紹他的詳細生平經歷
❷ 以第一人稱視角，由本人自述內心真實想法
❸ 每小節以一部作品為主，說明他的創作過程
❹ 先介紹他的成就，再探討其背後的心路歷程

蕭青陽——讓臺灣的音樂被世界「看見」

▼ 問題一 〔統整解釋〕

(　) 根據本文，蕭青陽如何讓臺灣的音樂被世界「看見」？

❶ 離鄉背井在外國的唱片公司從事設計

❷ 在唱片封面的設計減少臺灣在地元素

❸ 唱片的封面設計入圍國際知名的獎項

❹ 努力成為錄音學院學員提拔臺灣唱片

▼ 問題二 〔擷取訊息〕

(　) 根據本文，蕭青陽在從事唱片設計的工作時，為什麼會感到挫折與迷惘？

❶ 設計的唱片封面創意被他人盜取引發訴訟

❷ 沒辦法藉由唱片設計工作的收入圖得溫飽

❸ 必須兼顧設計與小吃業從而感到身心俱疲

❹ 無法在做出的作品中呈現自身的創作理念

（　）請問作者在文中提到蕭青陽「夢遊」和「消失的砂」的故事，
　　　是為了說明什麼事情？

　　　甲、唱片設計對蕭青陽帶來的正面影響
　　　乙、蕭青陽設計唱片過程中的靈感來源
　　　丙、家庭困境對蕭青陽帶來的負面影響
　　　丁、蕭青陽在職涯選擇方面的重大契機

　　　❶ 甲、乙　　　　　　❷ 甲、丙
　　　❸ 乙、丁　　　　　　❹ 丙、丁

問題四　〔擷取訊息〕

（　）請問唱片對於蕭青陽來說，是下列哪兩者的結合？

　　　❶ 美術與音樂　　　　❷ 在地與國際
　　　❸ 理性與感性　　　　❹ 科技與人性

問題五　〔省思評鑑〕

（　）本文如何說明蕭青陽設計唱片的風格？

　　　❶ 提出作者自身的分析
　　　❷ 引用葛萊美獎的評價
　　　❸ 列舉各個主要的作品
　　　❹ 以圖示輔助文字說明

堅持夢想我前進

問思時間

比爾·蓋茲——
影響全世界的電腦天才

✦ 問題一 〔統整解釋〕

(　　)請問本文透過《馬太福音》的例子，說明了比爾·蓋茲什麼樣的特長？

甲、記憶力過於常人　　乙、對上帝信仰堅定
丙、凡事都全力以赴　　丁、擁有驚人創造力

❶ 甲、丙　　　　　　❷ 甲、丁
❸ 乙、丙　　　　　　❹ 乙、丁

✦ 問題二 〔統整解釋〕

(　　)根據本文，比爾·蓋茲的家庭讓他培養了什麼習慣？

❶ 使他理解並且接受中庸之道
❷ 使他將成就歸功於自身信仰
❸ 使他對於科技保持忌憚之心
❹ 使他習慣並熱衷於獲取知識

（　　）本文透過《世界圖書百科全書》指出了紙本書的哪些侷限？

　　　甲、笨重不方便隨身攜帶

　　　乙、承載資訊的類型有限

　　　丙、一般人沒辦法負荷價格

　　　丁、資訊來源有誤且不明確

　　　❶ 甲、乙
　　　❷ 甲、丙
　　　❸ 乙、丁
　　　❹ 丙、丁

問題四 〔統整解釋〕

（　　）請問文中的橡樹象徵了什麼事情？

　　　❶ 比爾・蓋茲處於不同人生階段的成長
　　　❷ 比爾・蓋茲受到親朋好友給予的恩澤
　　　❸ 比爾・蓋茲感興趣並投入的學科範圍
　　　❹ 比爾・蓋茲積極進取想要達到的成就

堅持夢想我前進
問思時間

徐霞客——
遊走天下的行者

問題一 〔統整解釋〕

(　　) 從欲進麻葉洞一事,可以看出徐霞客的什麼個性?

① 自作聰明,不願聽信他人建議

② 實事求事,堅持親自領略事物

③ 天真爛漫,容易相信謠言傳說

④ 勤奮好學,願意主動尋求知識

問題二 〔統整解釋〕

(　　) 根據本文,徐霞客的父親對他造成了什麼影響?

① 激發他對遊歷的興趣

② 讓他堅信當官的使命

③ 養成他過於謹慎的個性

④ 為他形塑良好的金錢觀

（　）根據本文，母親的話對徐霞客有什麼幫助？

　　❶ 讓他緩解喪父時的悲痛

　　❷ 讓他無後顧之憂的遠遊

　　❸ 讓他了解官場上的使命

　　❹ 讓他懂得對家庭的責任

（　）根據本文，明末的時代環境，對徐霞客的遊歷有什麼影響？

　　❶ 讓他的遊歷紀錄可以流傳後世

　　❷ 讓他鍛鍊出能辨別善惡的慧眼

　　❸ 讓他面臨到許多生命上的威脅

　　❹ 讓他可以離開中國到外國遊歷

（　）根據本文，為什麼作者說：「徐霞客的遊歷，並不只是遊玩而已」？

　　❶ 他透過親身行走，用心考察並記錄各地面貌

　　❷ 他成功促進國家間的交流，讓文化能夠流通

　　❸ 他促進了旅遊文學的興起，帶動新文學風潮

　　❹ 他在遊歷過程中體察各地民情，為百姓效勞

鄭板橋——
難得糊塗的七品芝麻官

問題一 〔擷取訊息〕

（　）根據本文，鄭板橋為什麼要刻一個「康熙秀才雍正舉人乾隆進士」的印章？

　❶ 證明自己受到許多文人的愛戴

　❷ 記錄自己得到歷代皇帝的舉薦

　❸ 自嘲自己花很多時間才當上官

　❹ 誇耀自己經歷豐富和職位崇高

問題二 〔統整解釋〕

請問從下列哪些事情中，可以看出鄭板橋不同於一般文人的個性？請在方框中打勾。

　　請作答：

　　☐ 買賣字畫的對象

　　☐ 當官赴任的方式

　　☐ 讀書考試的年數

　　☐ 看待功名的想法

　　☐ 對待百姓的態度

問題三 〔統整解釋〕

（　）從文中鄭板橋的故事中，可以發現當時社會存在著什麼政治問題？

① 皇帝缺乏實權沒有能力控管天下事
② 地方官員比起百姓更重視自身利益
③ 百姓不信任官員且不聽從縣府指示
④ 官商多互相勾結因而危及中央政權

問題四 〔統整解釋〕

（　）綜觀文中鄭板橋的當官歷程，可以得知他是如何看待自身的官職？

① 汲汲營營，唯有追求功名才有利祿
② 冷暖自知，自己才知曉當官的辛苦
③ 不逢時運，認為自己未受皇上重視
④ 無足輕重，但為官時應以百姓為主

問題五 〔統整解釋〕

（　）作者為何要在文中開頭，提及糊塗老人遇見鄭板橋一事？

① 藉所題之字的意涵，呼應鄭板橋的處世態度
② 說明鄭板橋相遇老人一事，影響了他的人生
③ 透過與老人的對話，引出鄭板橋的為官政績
④ 從題字的過程，帶出鄭板橋獨特的藝術觀點

堅持夢想我前進
問思時間

吳健雄——
物理科學的女巨人

≫ 問題一 〔省思評鑑〕

（　）作者以什麼方式凸顯「對稱性革命」實驗的困難性？

❶ 引用多位學者的發言 　　❷ 比較各國之間的數據

❸ 提供圖示以輔助說明 　　❹ 加入作者個人的觀點

≫ 問題二 〔統整解釋〕

（　）根據本文，吳健雄以什麼方式證明宇稱不守恆？

❶ 透過歸納發現力不會產生反作用力

❷ 藉由演繹推斷光不具有波粒二象性

❸ 設定假說並證明能量的轉換不守恆

❹ 實驗並觀察到原子中的電子不對稱

≫ 問題三 〔擷取訊息〕

（　）根據本文，吳健雄的童年對她產生了哪些影響？

❶ 培養學識涵養 　　❷ 帶來心理陰影

❸ 培養順從個性 　　❹ 練就強健體魄

⌄ 問題四 〔統整解釋〕

( ) 本文為什麼以大量的篇幅描寫吳健雄求學歷程?

　❶ 對比吳健雄童年時期所遭遇到的險惡困境

　❷ 凸顯性別議題讓吳健雄更努力的取得成就

　❸ 改變作者在前文為吳健雄塑造出來的形象

　❹ 證明吳健雄的成就並沒有受到他人的影響

⌄ 問題五 〔省思評鑑〕

( ) 小輝和君君在閱讀文章後,正在討論本文中其實也
有部分敘述,與當時的美國人對待吳健雄的方式相
似。請試著推論下列何者可能是兩人的對話內容?

　❶「作者在提到故事主角的種族與故鄉時,會使用具有
貶意的字詞來形容。」

　❷「作者在簡述這個人物時,對她的貢獻描述甚少,易
讓讀者忽視其成就。」

　❸「作者在介紹這個人物時,強調她是『女性』物理學
家。但提到男性的物理學家時,卻不會刻意強調他們
的性別。」

　❹「作者在解釋故事主角的生平背景與其成就時,使用
反諷的手法描寫,容易讓讀者產生此人『名不副實』
的感受。」

鄧肯——太陽神的女兒

❯ 問題一 〔統整解釋〕

(　) 本文的敘事者是透過什麼方式認識鄧肯?

❶ 透過波提伽利對鄧肯的繪畫,想像她在畫中的樣貌

❷ 反覆閱讀鄧肯書寫的回憶錄,推測她表演時的舞姿

❸ 藉由他人介紹鄧肯生平,描繪她日常練習時的身影

❹ 聆聽鄧肯對畫作的見解,並觀察她在畫作前的姿態

❯ 問題二 〔擷取訊息〕

(　) 根據本文,鄧肯所熱愛的舞蹈,其靈感取材自何處?

❶ 大自然

❷ 踢踏舞

❸ 傳統文化

❹ 古典芭蕾

問題三 〔擷取訊息〕

（　）根據本文，鄧肯如何評價芭蕾舞？

1 崇高尊敬
2 困難複雜
3 完美無瑕
4 僵硬刻板

問題四 〔統整解釋〕

（　）根據本文，鄧肯的艱苦遭遇凸顯出什麼事？

1 她容易對現狀滿意的個性
2 她在童年充滿困惑的原因
3 她對自己的理想有所堅持
4 她虛心求教並且勇於改變

問題五 〔統整解釋〕

（　）作者於文章開頭放入《太陽報》的報導，其目的為何？

1 藉由專業人士的評論來評價鄧肯的舞蹈技巧
2 透過文字描述鄧肯的舞蹈能夠帶來什麼感受
3 藉由神話故事比喻鄧肯的舞蹈具有哪些象徵
4 透過鄧肯的自述來帶出現代舞的起源與爭議

堅持夢想我前進

問思時間

鹿野忠雄——
熱愛臺灣的昆蟲少年

> **問題一** 〔統整解釋〕

（　）請問鹿野在國二暑假的旅遊中，展現了什麼事情？

　　❶ 他對父親的好奇
　　❷ 他對家鄉的留戀
　　❸ 他對昆蟲的熱愛
　　❹ 他對同好的重視

> **問題二** 〔擷取訊息〕

（　）根據本文，鹿野受到誰的影響，而決定前往臺灣？

　　❶ 江崎博士
　　❷ 三澤校長
　　❸ 他的父母
　　❹ 雜誌讀者

問題三 〔擷取訊息〕

(　　) 臺灣具有什麼獨特之處，使鹿野決心非去不可？

❶ 為日本第一個占領的殖民地
❷ 有著豐富的生態和人文風貌
❸ 設有全球少見的高等科學校
❹ 山區高度開發便於入內勘查

問題四 〔統整解釋〕

(　　) 請從本文推論，鹿野是根據什麼事情，而在信中提及自己「有信心成為一個原住民」？

❶ 他對自己結實身材的滿意
❷ 他對昆蟲有著豐富的知識
❸ 他的登山行動創下新紀錄
❹ 他在山林中所付出的努力

問題五 〔擷取訊息〕

(　　) 即使鹿野上課日數不足，三澤校長為何還是讓他畢業？

❶ 鹿野展現了他在昆蟲、地質、民族等領域的貢獻
❷ 鹿野接受軍方任務，讓校長受到來自軍方的壓力
❸ 鹿野以極為優異的成績，通過了最終的畢業考試
❹ 鹿野在學校人緣良好，全校的老師聯合替他說情

堅持夢想我前進

問思時間

傑克・邱吉爾──
讓生命像動漫一樣熱血

▼ 問題一 〔擷取訊息〕

(　) 根據本文，天使為什麼對傑克・邱吉爾這個人感到訝異？

　　❶ 他還未到將死之時
　　❷ 他的人生非常精采
　　❸ 他既是英雄也是惡人
　　❹ 他曾與惡魔撒旦搏鬥

▼ 問題二 〔統整解釋〕

(　) 根據本文，傑克・邱吉爾用什麼方式擊敗敵軍？

　　❶ 聯合友軍
　　❷ 出奇制勝
　　❸ 以少換多
　　❹ 恩威並濟

問題三 〔擷取訊息〕

（　）傑克·邱吉爾的風笛在戰場上能有什麼作用？

❶ 鼓舞士氣　　　　　　❷ 震懾敵人

❸ 分辨敵我　　　　　　❹ 發號施令

問題四 〔擷取訊息〕

（　）傑克·邱吉爾的名字對他帶來什麼影響？

❶ 是難以擺脫的汙點　　❷ 激勵自己奮發向上

❸ 得以結識許多權貴　　❹ 藉此獲得特殊待遇

問題五 〔統整解釋〕

（　）若從心理學的角度分析，傑克·邱吉爾最可能屬於下列何
種人格類型？

❶ 強迫型人格：追求完美、注重細節，嚴格控管物品和他人的
行動

❷ 反社會型人格：聰明有自信，但不誠懇，且無法應對他人的
情緒

❸ 感覺尋求人格：樂於追求新奇事物，主動尋求刺激的感受和
經歷

❹ 類思覺失調型人格：沉默寡言、情感淡漠，對社會聯繫缺乏
興趣

周俊勳——
我是這樣挑戰自己的

問題一 〔統整解釋〕

（　）請問在文章的開頭，周俊勳在棋室裡做什麼？

1. 指導學生練習圍棋的各種戰術
2. 進行圍棋比賽爭取更高的段位
3. 按照棋譜把棋子依序擺上棋盤
4. 在棋局結束後與對手相互交流

問題二 〔統整解釋〕

（　）根據本文，請問「棄子爭先」是什麼意思？

1. 犧牲棋子換取最終的勝利
2. 突擊的棋子才能搶占先機
3. 每一顆棋子都有特殊功用
4. 多顆棋子並進以設下陷阱

問題三 〔統整解釋〕

(　)為什麼周俊勳會說:「我覺得自己就像一顆棄子」?

① 父母親對他疏忽照顧
② 因特殊外貌遭到歧視
③ 因故無法到學校上學
④ 在圍棋賽中屢屢落敗

問題四 〔統整解釋〕

(　)為什麼周俊勳認為「覆盤」有助於棋藝進步?

① 能考驗自己對於棋局每一手的記憶力
② 能留下圍棋比賽的棋譜以供日後練習
③ 可從古人的對戰中學習到下棋的技巧
④ 可得知對手的想法並檢討勝負的原因

問題五 〔統整解釋〕

(　)根據本文,周俊勳在比賽中體悟到下棋時的關鍵是什麼?

① 先聲奪人
② 心無旁騖
③ 知己知彼
④ 戒慎恐懼

吳季剛——
玩娃娃的男孩夢想成真

☒ 問題一 〔擷取訊息〕

（　）蜜雪兒‧歐巴馬如何助長吳季剛在服裝設計上的事業？

① 邀請吳季剛在總統的就職晚宴上一同跳舞

② 選擇穿著吳季剛設計的禮服出席重要場合

③ 在吳季剛的服裝發表會上現身並握手致意

④ 購買吳季剛設計的玩偶並且透過電視轉播

☒ 問題二 〔統整解釋〕

（　）請問作者為什麼要提到吳季剛觀賞京劇名伶郭小莊的演出？

① 凸顯他小時候就對服裝設計有強烈興趣

② 指出他從事設計行業時尋找靈感的來源

③ 映襯他終於取得成就時，心中充滿喜悅

④ 暗示他能獲得美國第一夫人青睞的原因

問題三 〔統整解釋〕

(　　) 吳季剛的性向發展主要遇到哪方面的挑戰？

❶ 宗教
❷ 階級
❸ 種族
❹ 性別

問題四 〔擷取訊息〕

(　　) 吳季剛的母親對他的興趣抱持什麼態度？

❶ 尊重小孩的選擇並提供支持，但同時又希望他符合傳統期待
❷ 一直以來都不願接受，因此吳季剛的成就都是依賴自身打拼
❸ 擔憂孩子遭到社會的異樣眼光，所以要求他盡量嘗試新興趣
❹ 打從心底支持孩子的熱情，但因為家境無力支持而慚愧自責

問題五 〔擷取訊息〕

(　　) 根據本文，吳季剛的創作風格是什麼？

❶ 凸顯女性的優美姿態與內在的個性
❷ 擅長在服裝中加入京劇文化的元素
❸ 以幾何圖案塑造現代、簡潔的氣質
❹ 擅長使用色彩形成絢爛和諧的搭配

堅持夢想我前進

問思時間

史蒂夫・賈伯斯——
人生的三堂課

≫ 問題一 〔統整解釋〕

（　）請問賈伯斯所分享的第一個故事，想告訴聽眾什麼道理？

❶ 人生沒有一條路是白走的

❷ 家庭背景不影響未來成就

❸ 信守承諾是最重要的品德

❹ 擁有美感可增添生活情調

≫ 問題二 〔擷取訊息〕

（　）賈伯斯遭自己創辦的公司解僱後，為什麼能走出低谷？

甲、想通自己仍然熱愛科技業

乙、得到父母提供創業的資金

丙、離開高壓環境而恢復健康

丁、得以放下追求成功的重擔

❶ 甲、乙　　　　　　❷ 乙、丙

❸ 丙、丁　　　　　　❹ 甲、丁

問題三 〔統整解釋〕

(　)對於賈伯斯來說,為什麼「對死亡的假想」,可以幫助他做出決定?

❶ 在死亡的威脅下若還對某事保有熱情,那麼便有執行的價值
❷ 因為死亡在即,激發了勇氣與膽量,讓人願意嘗試新的事物
❸ 想像身邊親友們的死亡,可以幫助人們真正聆聽他人的建言
❹ 因為人類會為了避免死亡而激發創意,竭盡所能的改變世界

問題四 〔統整解釋〕

(　)賈伯斯可以用哪一項經歷,佐證他奉行文末所引用的格言?

❶ 在畢業典禮演講
❷ 去旁聽字體課程
❸ 接任蘋果執行長
❹ 因罹癌準備後事

問題五 〔省思評鑑〕

(　)請問賈伯斯透過什麼方式,強調他所要傳達的道理?

❶ 引用經典故事
❷ 縝密推演邏輯
❸ 舉出親身經歷
❹ 對比數據差異

堅持夢想我前進

問思時間

雷・克洛克——從賣杯子到三萬間分店的神奇旅程

問題一 〔統整解釋〕

（　）根據本文，克洛克為什麼要千里迢迢到麥當勞兄弟的餐廳觀察？

❶ 因世界大戰才剛逢結束，全民皆想積極發展餐飲事業

❷ 因克洛克不幸面臨破產，希望能獲得良好的工作機會

❸ 因克洛克成功開了餐廳，想參考其他業者的經營方式

❹ 因當時的經濟景氣狀況，和這筆訂單形成鮮明的對比

問題二 〔統整解釋〕

克洛克透過哪些方式成功銷售紙杯？請在方框中打勾。

請作答：

□降低生產成本，以低廉價格賣給商家

□透過大量廣告，以協助商家宣傳產品

□在日常生活中，觀察人們的使用習慣

□針對銷售對象的需求，提出解決辦法

（　）克洛克說服了麥當勞兄弟什麼事情？

❶ 成立大型餐點實驗室
❷ 在全美國設立加盟店
❸ 購置更多的奶昔機器
❹ 開始使用外帶用紙杯

問題四 〔統整解釋〕

（　）克洛克於 1950 年代開始帶領團隊研究馬鈴薯，是為了達到什麼目的？

❶ 蒐集全美各地知名餐廳的製作祕方
❷ 培養自家餐廳未來所需的農業人才
❸ 企圖找到能夠幫助大眾飲食健康的商品
❹ 建立一套從餐點生產到製作的明確流程

問題五 〔省思評鑑〕

（　）作者在文中使用插敘手法，可達成下列哪個效果？

❶ 替主要的情節補充重要的資訊
❷ 依照時間順序簡介主角的生平
❸ 藉情節的虛實交替營造懸疑之感
❹ 將尚未發生的事描述的栩栩如生

堅持夢想我前進

問思時間

林義傑——如果放棄了，就只能在旁邊看

> **問題一** 〔擷取訊息〕

( ) 根據文本，林義傑為什麼會踏上運動這條路？

　　❶ 來自家庭的期待　　　　❷ 高中教練的鼓勵

　　❸ 自己所做的選擇　　　　❹ 受到學長的啟發

> **問題二** 〔統整解釋〕

( ) 林義傑認為學校教育最重要的是培養學生的什麼面向？

　　❶ 良好品格和志向　　　　❷ 專業領域的知識

　　❸ 適應團體的方法　　　　❹ 得優勝的榮譽心

> **問題三** 〔統整解釋〕

( ) 下列哪一句話適合總結林義傑面對 1998 年區運會失利的態度？

　　❶ 人生必有挫折，坦然接受面對

　　❷ 努力永遠不夠，加強自我要求

　　❸ 找到失敗主因，即時修補改正

　　❹ 須知人外有人，時時保持謙卑

( ) 根據文本，林義傑橫越撒哈拉沙漠的事蹟，其特殊之處是
什麼？

❶ 他首次參加並完成行走於撒哈拉沙漠的賽事
❷ 他在這次比賽中獲得亞洲歷來最佳的第九名
❸ 這是他在超級馬拉松比賽中獲得最好的成績
❹ 這是人類首次不仰賴工具來橫越撒哈拉沙漠

問題五 〔統整解釋〕

( ) 除了實現自我的追求、挑戰人類體能極限，超級馬拉松還
替林義傑帶來了下列哪些經歷？

甲、遊賞地球自然的美景　　乙、正視人類社會的問題
丙、反思如何去定義自由　　丁、習得團隊合作的方法

❶ 甲、乙、丙　　　　　　❷ 甲、乙、丁
❸ 甲、丙、丁　　　　　　❹ 乙、丙、丁

問題六 〔省思評鑑〕

( ) 請問本文採用了什麼視角的寫作手法？

❶ 以第一人稱書寫，忠實呈現受訪者的觀點
❷ 以第二人稱書寫，使讀者將自身代入文中
❸ 以第三人稱書寫，客觀的記錄事件的經過
❹ 夾雜一、三人稱書寫，對照不同人物心境

堅持夢想我前進

問思時間

許芳宜——
以舞蹈征服世界

⊗ 問題一 〔省思評鑑〕

( )本文開頭採用什麼寫作手法,來講述許芳宜的故事?

❶ 交代故事主要人物的基本資料,並條列其人生成就

❷ 選擇一個場景切入,引導讀者進入主角成長的情境

❸ 描述受訪時的場景,從側面凸顯出故事主角的特質

❹ 引用其他人對於該主角的描述,佐證其不凡的人生

⊗ 問題二 〔擷取訊息〕

( )為什麼在小時候舞蹈表現出色的許芳宜,在報考國
立藝專時,芭蕾舞只得了三分的低分?

❶ 她因為太過緊張,導致臨場的發揮失常

❷ 她原先學民族舞蹈,從來沒有跳過芭蕾

❸ 她在此前的練習中受傷,連帶影響表現

❹ 當年的考試非常困難,許多人都不及格

( ) 從國小到華岡藝校的習舞過程，許芳宜展現了什麼事情？

❶ 她在舞蹈上的天分與熱情

❷ 她具超乎常人的創作能力

❸ 努力可彌補她的天賦不足

❹ 肯定與讚美能改變一個人

❯ **問題四** 〔統整解釋〕

( ) 許芳宜在紐約時，為什麼能在受傷的情況下，撐過艱難的排練？

❶ 因父親的教養方式，養成自律的性格

❷ 受到團員的鼓勵，而有信心支持下去

❸ 為了不讓觀眾失望，而強迫自己努力

❹ 父親與老師趕赴紐約來照顧她的起居

❯ **問題五** 〔統整解釋〕

( ) 作者指出《紐約時報》曾經整版報導過許芳宜，並引用舞蹈評論家的觀點，是想要說明什麼事？

❶ 許芳宜成功引領舞團到各國表演

❷ 許芳宜能在舞蹈中融入臺灣元素

❸ 許芳宜信守三年後回臺灣的承諾

❹ 許芳宜在現代舞蹈上的成就極高

堅持夢想我前進

解答與說明

羅丹——真實中見不平凡的偉大

⟱ 問題一　　解答 ④

文中先敘述羅丹是法國最偉大的雕塑家，並在後段提及他在「十四歲時看過一本米開朗基羅的作品，於是堅持要走藝術這條路。」由此可知，羅丹受到「米開朗基羅」的啟發。選項（1）、（2）：此二人是文章開頭作者在提及羅丹出生年代時，一併提及的重要藝術家，並無與羅丹有重要關聯。選項（3）：羅丹已投身進藝術領域許久後，才接到雕刻巴爾札克像的委託。

⟱ 問題二　　解答 ②

文中提及羅丹在進入設計學院潛心學習雕塑後，姊姊瑪麗驟逝，因此他「受到很大的打擊，想放棄自己的藝術生活，進了修道院當見習修士。」由此可知，羅丹一度放棄自己志向的緣故乃是「因為親人過世」。選項（1）：自文中敘述可知，羅丹的父親起初不認同羅丹的志向，卻也在羅丹母親與姊姊的支持說服下，同意羅丹進入設計學院學習。

⟱ 問題三　　解答 ❶

作者在文章中先敘述「羅丹的落榜其來有自」，並說明在羅丹所處的時空環境中，學院與公家機關所持的主流藝術觀念仍然保守，羅丹「觀察自然、寫生人物、充滿生命力」的作品，便不被當時的學院教授們青睞。因此藉由前述可以推斷，羅丹未能考上巴黎藝術學院的原因為「其創作與當時主流審美觀不符」。選項（2）：「機械化」的描述是作者認為當時想進美術學院的學生們模仿古希臘、羅馬作品的一貫手法，與羅丹的創作風格甚是不同。

⟱ 問題四　　解答 ④

從文中敘述可知，羅丹的作品有「觀察自然、寫生人物、充滿生命力」的風格。而創作「巴爾札克」的雕像時，羅丹對於巴爾札克的文獻資料進行詳細考據，期許能夠「反映出巴爾札克的真實面貌」，而這個雕像在「平凡到接近醜陋的身軀裡，卻蘊含了驚人的智慧」。由此可以推斷，從羅丹的作品中可以發現其創作理念為「雕塑作品應展現人物的真實外表與精神內涵」。

問題五　　解答 ❶

透過文章可了解，羅丹身處的時空環境讓他的創作風格無法受到重視，他卻並未因時代的不理解而失志，反而更努力堅持自身的理念、發揮天賦，創作出一座座在現在受到藝術界崇敬的雕塑作品。而作者在開頭引用巴爾札克的名言，其中提及「苦難對於天才是一塊墊腳石」，便符合羅丹的天賦在時代風氣轉換下的境遇，由此便可以推斷，作者引用名言的作用為「暗喻羅丹的才華與命運之間的關聯」。

甘地──和平抗爭，就是不跟你合作

問題一　　解答 ❸

在文章前段作者提及，身為故事主角的甘地是「印度的國父，被印度人稱為聖雄」，而閱讀通篇文章亦可知，甘地帶領印度人以和平的方式進行「不合作運動」，幫助印度脫離英國的殖民而獨立。因此藉由前述整理可知，甘地被尊稱為聖雄是因為他「堅持以和平方式號召，爭取印度獨立」。

問題二　　解答 ❹

甘地在南非搭乘火車時，雖買了頭等車票卻仍遭驅逐，並稱他身為印度人只能坐在貨車，而這樣不公平的待遇也讓甘地「決心留在南非，因為南非的印度人更需要他」。選項 （2）：從甘地在南非遭受的事件便可知，當時的南非仍然存在對印度人的歧視。選項 （3）：這是甘地在英國取得律師資格後，回到印度開設律師事務所時的事情，與南非並無關聯。

問題三　　解答 ❶

從「不合作運動」段落中可知，甘地發起行動的精神是期許以「和平非暴力的方式來反抗英國政府」，而實際的作為則體現於「不買英國製成衣、不為英國人工作、不上英辦學校」等行動。由此可知，若要選擇符合甘地所發起行動精神的作為，應是由自身出發去「拒絕從事某件事情」以達到自己的訴求。因此藉由前述的整理可以推斷，符合的選項應為「小明號召社區民眾拒買，禁止導盲犬入內的超市」。

堅持夢想我前進

解答與說明

問題四 　　解答 ❶

作者在文末提及，甘地被逮捕使得不合作運動越發蓬勃，而英國警察手持棍棒驅散和平抗議印度民眾的行為，「透過媒體，最後引來各國的譴責，也讓印度獨立獲得一線曙光」。由此可知，印度得以獨立，除甘地精神獲得印度人的支持，作者認為另有的關鍵性轉折為「世界各國支持甘地」。選項（2）：絕食僅為甘地本人在獄中表達不支持英國政府的行為。選項（3）：不合作運動是經過許多次的發酵，才逐漸具有聲勢與力量，因此首次的不合作運動不該為關鍵性的轉折。選項（4）：不合作運動訴求「和平非暴力」，因此武力對抗並不符合文章所述。

問題五 　　解答 ❹

透過文章開頭可知，作者首先提及過往的偉人傳記公式，都會將這些偉人描繪成「天縱英明、智商超群、孝順立志、過人毅力」等模樣，然而甘地，卻並非具有這樣的特質，雖然他在人格特質上並未如此耀眼注目，卻仍透過自身的信念與倡議，促成了印度的獨立。由此便可以推斷，作者意圖在於「反襯本文主角實踐的英勇事蹟」。

伽利略——
「佛羅倫斯科學歷史博物館」竊盜案

問題一 　　解答 ❸

根據嫌犯與伽利略討論脈搏計的對話，可知伽利略發現不論吊燈擺動快慢，來回的時間都相同，除非改變繩索的長度，才會影響來回的時間。依此，伽利略按著脈絡計算時間，進而發明出了脈搏計。故可知「來回擺動的時間穩定」為正解。

問題二 　　解答 ❹

伽利略在對話首先提到了亞里斯多德的主張，後者認為東西越重掉落的速度越快。但伽利略認為亞里斯多德只靠推理得出這個結論，並不符合科學的精神。因此，他決定到比薩斜塔丟下一樣大的木球及鐵球，藉此「驗證物體掉落的理論」，故（4）為正解。

問題三　解答 ❸

根據伽利略與嫌犯的對話，亞里斯多德認為月球表面是光滑的，但伽利略透過望遠鏡發現月球表面其實充滿坑洞。接著，亞里斯多德主張地球是世界的中心，伽利略則認同哥白尼的主張——太陽才是世界的中心。最後，亞里斯多德認為東西越重掉落的速度越快，伽利略透過比薩斜塔的實驗，反駁了這個說法。綜上可知兩人在「月亮表面的特色」、「地球與太陽的關係」、「物品掉落時的原理」上持相反觀點，故正解應為「甲、丙、丁」。「乙、時間的計算方式」：文中僅提及伽利略發明出的脈搏計，可用於計時，並未提及亞里斯多德對時間計算的主張。

問題四　解答 ❷

根據本文，亞里斯多德認為宇宙是靜止的，伽利略卻發現新的星星。為此，宗教法庭認為伽利略提出的是異端邪說，將他關進牢裡。伽利略對此感到憤恨，認為如果是亞里斯多德，一定會欣然接受他的質疑，不像宗教法庭只是一群盲目崇信，不願意面對科學的人。由上可知，伽利略對於教會的不滿，來自於「教廷不願相信伽利略提出的理論」，故（2）為正解。

問題五　解答 ❶

作者首先描述了竊案的情境，並在自白書中記錄了案發當晚，嫌犯在博物館中遇見了一個老人，並與其討論起博物館藏品的過程。根據對話可知老人是許多藏品的發明者。並在文章接近尾聲時，揭露他其實就是鼎鼎大名的伽利略。綜上可知，作者在文中「模擬伽利略與現代人的對話」，並從中帶出伽利略一生中所發明的東西，故（1）為正解。

吳寶春——世界冠軍麵包裡的故事

問題一　解答 ❹

吳寶春在剛成為學徒時，連吊秤都不會使用，因此被師父斥責。因為這個事件，讓吳寶春知道並不是靠吃苦就能解決一切問題，即使離開學校、成為麵包學徒，還是必須仰賴「學習」才能生存，故（4）為正解。

堅持夢想我前進

解答與說明

問題二　　解答 ④

文中提及陳撫光吃到吳寶春所做的麵包，直接批評麵包不好吃。他帶著吳寶春嚐遍各種美食，希望讓吳寶春知道什麼叫做好吃的東西。故可知，陳撫光藉由「帶領吳寶春四處體驗美食」，幫助吳寶春改變對食物的看法，故（4）為正解。

問題三　　解答 ③

根據吳寶春的自述，可知他自幼便看著母親辛苦工作。有次當兵休假回家時，他看到母親只能吃魚頭和飯，為此感到難過，自此下定決心不要再讓母親辛苦的工作。綜上可知，母親辛苦養家的景象「激發了吳寶春奮發向上的意志」，才有他後續對製作麵包的堅持，因此是母親對他最大的影響，故（3）為正解。

問題四　　解答 ②

根據吳寶春的自述，他認為傳統麵包師傅都是技術導向，但麵包師傅不能只有技術，還必須透過美學來提升自己的產品。美學的培養則須仰賴跨領域的學習，多方接觸美術、音樂等不同的事物，才有辦法養成自己對食物的品味。綜上可推知，吳寶春認為傳統師傅缺乏「跨領域學習及培養品味」，故（2）為正解。

問題五　　解答 ①

根據吳寶春的自述，在拿下世界盃麵包大賽冠軍後，他意識到烘焙教育的重要性，希望可以透過人才養成，帶領臺灣的麵包走向世界，並以此為未來的志業。綜上可知，吳寶春的目標是「培養優秀的麵包師傅」，故（1）為正解。

李安——真誠的心感動世界

問題一　　解答 ①

李安在訪談中提到：「你勇敢、願意真誠的面對，會開拓出很多空間、很多思路……那個能量會影響到你的觀眾，他會跟著進來。」可看出李安認為，抱持真誠的心拍攝電影，才能「拍出觸動觀眾的作品」。

問題二　解答 ②

作者在文中提到李安厭惡權威，厭惡用集體式的符號去簡化人性，並在下一段中舉出李安的多部作品，說明他總是「採取違反常規的角度」處理複雜議題。綜上可知，李安打破制式權威的方式，是「以有別於主流的角度探討議題」。

問題三　解答 ①

作者在文中提到李安對於電影中的道具、布景、演員表現皆要求嚴格，而這種求好心切的精神，也經常在挑戰工作人員的極限。接著，文中提到李安經常要求袁和平在編排打戲時，需要「把角色個性融入動作」，使得袁和平不斷絞盡腦汁，拚命嘗試更多創新的武打動作。由此可知，文章藉由兩人的相處過程，凸顯李安「對電影細節的極致追求」。

問題四　解答 ④

文章最後提到，李安在經歷本省與外省、東方與西方的文化碰撞過程中，體認到臺灣多元的文化樣貌十分難能可貴，因此認為自己有責任透過電影「留下一些東西」。綜上所述可知，此題答案為「以電影保存臺灣多元文化的樣貌」。

問題五　解答 ①

在文章最後一小節中提到，李安認為好的電影是「刺激」而非「宣言」，因為好的電影能夠「刺激想像跟情感的東西，刺激大家討論」，由此可知此題答案為「能觸動情感、引發討論」。

周杰倫──
東風不破，震動所有為音樂而熱切的心

問題一　解答 ①

透過文章開頭的舉例，可以看出周杰倫作為臺灣的歌手，除了在臺灣受到大眾歡迎之外，他的作品在中國、韓國、日本、新加坡等多個國家，也吸引了許多粉絲關注。綜上述可推測，文章之所以要舉出這些事例，應是為了「凸顯周杰倫的影響範圍深遠」。

堅持夢想我前進

解答與說明

作者在文中提及：「他和作詞搭檔方文山卻有本事變化曲風、精鍊詞藻，讓『滿城盡吹中國風』。」可知方文山為其作詞搭檔。而在文中也提到：「文山的歌詞真是開創了一個新的潮流，寫的內容不是很嚴肅，卻又總意味著什麼。」可看出方文山創作的歌詞富含意義。故答案為「為其創作雅致的歌詞」。

問題三　解答 ①

作者在文中舉出許多事例說明周杰倫的好勝心，使其在每份工作上皆拚盡全力，例如半夜結束通告後，接著去工作室寫歌；在拍攝《滿城盡帶黃金甲》時，希望導演能嚴格要求他的表現。同時也引述其身邊工作人員的說法：「那股對作品完美的執著，讓人不得不佩服他的成功其來有自。」

問題四　解答 ③

作者在文中提及周杰倫的母親葉惠美在他四歲半那年，讓他開始跟著鋼琴老師學習琴技；也引述周杰倫的說法，指出他之所以會持續學習鋼琴，在於母親的嚴厲督促；以及葉惠美除了賦予周杰倫音樂方面的天賦，還給予他足夠的愛與關懷，使其能夠安然成長。綜上可知，正解為「甲、丙、丁」。

問題五　解答 ④

文章開頭列舉臺北、北京、首爾等事例，以此顯示周杰倫作品跨越國界的影響力，以及在華語樂壇的種種事蹟，使帶有中國古典曲風的音樂成為流行等。接著加入周杰倫訪談內容，呈現他在工作、創作上的心聲，以及身邊工作人員的評價，使讀者更加了解周杰倫本人的性格。綜上可知，文章採用的寫作手法為「先介紹他的成就，再探討其背後的心路歷程」。

蕭青陽——讓臺灣的音樂被世界「看見」

問題一　解答 ③

本文開頭即提到，蕭青陽「從二〇〇五年起，創下了華人三度入圍葛萊美唱片設計類的紀錄」。而作者在文末也寫道「他如願站上了世界的舞臺」之後，

具體介紹入圍專輯的設計。由此可知，蕭青陽是透過「唱片的封面設計入圍國際知名的獎項」，讓臺灣的音樂被世界「看見」。

問題二　　解答 ❹

本文提到蕭青陽認為：「做唱片包裝，最終還是得回歸唱片的本質，遇到堅持強調明星光環的唱片公司，難免會讓他覺得很挫折。」「修整偶像歌手的大頭照，讓每張臉呈現近乎不真實的完美，無法讓他充分發揮創意。」由此可知，蕭青陽在工作上曾挫折，因「無法在做出的作品中呈現自身的創作理念」。

問題三　　解答 ❶

作者文中提到：「關於這粒砂最後消失在何方的問題，居然成為蕭青陽成長過程中，一個揮之不去的困惑。」而「直到他從事唱片設計工作時……，反而讓他沒有力氣去煩惱那些找不到答案的問題，原本的夢遊毛病也不藥而癒。」由此可推論，「唱片設計對蕭青陽帶來的正面影響」和「蕭青陽設計唱片過程中的靈感來源」，本題的正確答案是「甲、乙」。

問題四　　解答 ❶

文中提到蕭青陽幼時有逛唱片行、珍藏唱片、卡帶的習慣，以及「唱片設計，正好結合了蕭青陽最愛的美術和音樂」。由此可知「美術與音樂」為正解。

問題五　　解答 ❸

作者在文末具體介紹蕭青陽不同唱片的設計風格，其中包含「採用臺灣在地風景照片」、「結合東方文化及科技」、「採用樹皮和木雕等不同媒介」等實踐其創作理念的方法。綜合上述，本題的正確答案是「列舉各個主要的作品」。

比爾·蓋茲——影響全世界的電腦天才

問題一　　解答 ❶

文中提到比爾·蓋茲以驚人的記憶力背誦《馬太福音》第五到七章的內容，以及比爾·蓋茲提到：「只要我竭盡全力，我就能完成任何我想做的事。」綜合上述，本題的正解是「甲、丙」。

堅持夢想我前進

解答與說明

問題二　　解答 ④

文中提到比爾・蓋茲的母親「每次到地方學校為學生們講解本地文化和歷史時，她經常會把當時才三、四歲的比爾・蓋茲帶在身邊」，以及「比爾・蓋茲的父親有個大書房，擺滿了藏書，這也養成他熱愛閱讀的習慣」。綜合上述，本題的正確答案是「使他習慣並熱衷於獲取知識」。

問題三　　解答 ❶

本文提到比爾・蓋茲對《世界圖書百科全書》稍微感到不滿足，一個原因是「書本很笨重，攜帶不方便」。另一個原因則是「書本這麼笨重，卻只能『裝載』文字和圖片，在內容的呈現上，就有了限制。」綜合以上，本題的正確答案是「甲、乙」。

問題四　　解答 ④

作者以矮小的小草，與高大的橡樹，暗喻比爾・蓋茲與同儕之間的差別。接著提到比爾・蓋茲「有著非凡的進取心，加上好勝心強」，由此可以推論，此處所指比爾・蓋茲與同儕之間的區別，在於其積極進取，並且力求完美的達成目標。綜合上述，文中的橡樹象徵的是「比爾・蓋茲積極進取想要達到的成就」。

徐霞客——遊走天下的行者

問題一　　解答 ❷

根據本文，年輕人「在眾人驚訝、不解、 疑惑的眼光中，進了洞。 」並「不解外面的人，為什麼寧可相信傳說， 也不敢進來一探究竟？」綜上所述，從欲進麻葉洞一事，可以看出徐霞客不信他人的傳言，堅持相信自身所見的個性，故選項（2）為正解。

問題二　　解答 ❶

文中提到，「徐霞客深受父親影響，從小就好讀歷史、地理和探險、遊記之類的書籍」，且「父親見兒子志不在功名，轉而鼓勵他博覽群書，做個有真實學問的人」，由此可知，徐霞客的父親激發他閱覽書籍與對遊歷的興趣，故選項（1）為正解。

問題三　　解答 ②

文中提到，徐霞客的母親跟他說：「你去吧，……別因為娘，讓你變成雞籠裡的小雞，馬圈裡的小馬，整日困在家裡無所作為呀！」故選項（2）為正解。

問題四　　解答 ③

文中提及徐霞客「出遊到中國西南地方」時，「才到湘江就遇到強盜。僕人受傷，行李、旅費被劫，連他也差點喪命」。他受到當時政局的動盪不安的影響，也使他在遊歷過程中，遇到了許多生命上的威脅。故選項（3）為正解。

問題五　　解答 ①

文中提及「他選了一條少有人走的路徑，以親身體驗，用腳丈量世界的方法，來看待他身處的國度。」徐霞客不僅親身行走考察，甚至寫了二百多萬字的遊記，大多是他一步一腳印親自觀察去體驗的第一手報導。故選項（1）為正解。

鄭板橋——難得糊塗的七品芝麻官

問題一　　解答 ③

根據本文，「如果六歲開始讀書識字，那麼鄭板橋在『寒窗』下整整熬了三十八年，人生中最精華的歲月，幾乎已過了三分之二。因此，他才會刻那塊『康熙秀才雍正舉人乾隆進士』的印章來自嘲。」故選項（3）為正解。

問題二　　解答 ≫

☑買賣字畫的對象　☑當官赴任的方式　☐讀書考試的年數
☑看待功名的想法　☑對待百姓的態度
文中提到，「為富不仁的人想跟他買字畫，他還不願意賣。」「他去范縣時，只帶了一個書僮，牽了一頭毛驢，毛驢上馱了幾箱書，就這麼徒步上任去。」「鄭板橋最瞧不起的，就是那種熱衷功名，只為了當官發財的讀書人。」「那年秋天，農作物依然歉收，……鄭板橋將借券一把火全燒了。」綜上所述，正確答案應包含「買賣字畫的對象」、「當官赴任的方式」、「看待功名的想法」及「對待百姓的態度」。

問題三　解答 ②

根據本文，鄭板橋到任後遇上連年大旱，反映後卻發現「高居上位的官員卻無動於衷；濰縣的富戶巨賈又趁火打劫，囤積糧食高價販售，致使『斗粟值錢千百』」。於是鄭板橋燒毀借券，卻遭惡勢力誣陷鄭板橋開倉盜賣糧食。綜上所述，故選項（2）為正解。

問題四　解答 ④

文中提到，鄭板橋擔任濰縣知縣時，為了幫助老百姓度過旱災而私開糧倉，隔年又遇到農作物歉收時，為了不讓百姓為難把借券都燒了。最終被罷官，也覺得心安理得。由此可推論，鄭板橋對於官職抱持著無足輕重的心情，但一旦當了官，則凡事以解決百姓困難為重，故選項（4）為正解。

問題五　解答 ①

文中作者為鄭板橋下了注解：「『難得糊塗』說來容易做來難，或許就是因為這樣的灑脫與率真，鄭板橋才更值得我們欽佩與學習。」由此可推論，作者藉由文章開頭，鄭板橋在老人的硯石上題了「難得糊塗」一事，呼應鄭板橋看待官職及人生的觀點，也是「難得糊塗」，雖然在當時未功成名就，但其作為卻也得到後世人的欽佩，故選項（1）為正解。

吳健雄──物理科學的女巨人

問題一　解答 ①

作者先描述當時眾人對於「自然界中的對稱性」深信不疑，並帶到吳健雄與團隊花了一段時間，希望能進行相關的實驗，接著引用諾貝爾物理獎得主、費曼博士與物理學大家鮑利的言論描述，凸顯這項實驗的困難性。

問題二　解答 ④

文中提及：「當時的科學家們大都相信，在自然界中，大自肉眼看得見的一般現象，小至原子內的微小世界，都具有左右對稱的對稱性，稱為『宇稱守恆』定律。」接著說明「她在實驗中，親眼目賭電子傾向於左手旋的『不對稱』現象」。

問題三　　解答 ❶

文中提及「家中唯一的女兒吳健雄，自然承襲了父親聰明又具開創性的行動能力。吳仲裔不但從小灌輸女兒新時代的知識，……」。故選項（1）為正解。

問題四　　解答 ❷

文中提及「因為密西根大學限制女學生走側門，因此吳健雄改變心意，改讀加州大學柏克萊分校的物理系」、「優異成績和耀眼的物理研究得到博士學位之後，卻無法成為柏克萊的教授」，便可以看出吳健雄不因身為女性而妥協。接著描述她窮盡一生的心血，以輝煌的成果立下女性科學家的典範，公開呼籲大家必須平等的對待女性，可推斷性別歧視並未打倒吳健雄，反而讓她更努力，向世界證明自己。故選項（2）為正解。

問題五　　解答 ❸

題幹中「美國人對待吳健雄的方式」，指的就是當時所存在的性別刻板印象，包括歧視女性、女性的薪水較男性低。文中可看到作者以「擁有『中國居禮夫人』之稱的女性物理學家──吳健雄」來介紹。作者接著介紹楊振寧、李政道時，卻無提及性別。這是四十四歲的吳健雄，一位一路走來，曾經飽受性別歧視的女性科學家，終於以傲人的成就，獲得舉世的尊崇」。從此處也可以再次看到作者在提及吳健雄時，強調了其性別。

鄧肯──太陽神的女兒

問題一　　解答 ❹

本文的敘事者是美術館的管理員，管理員與鄧肯開始交談，兩人談論著這幅畫作，鄧肯回答：「但我真希望能夠完全融入他們的世界，春夏秋冬都和他們一起跳舞。」

問題二　　解答 ❶

根據本文，鄧肯提到：「我跳的是這種舞蹈，跟著大自然的節奏，把來自於母親和神靈的愛與柔情，透過身體，盡情的表達出來。」以及「我信奉舞蹈的源頭就是大自然。」

堅持夢想我前進

解答與說明

> **問題三**　解答 ④

文中提及「更不是屈膝卑躬、拘謹乏味的芭蕾舞。」「媽媽送我去學芭蕾舞，才上了三次課，我就覺得『真是夠了』……是誰規定小孩子要跳芭蕾那樣的舞步呢？像個裝了關節的小傀儡，踮起腳尖，一再重複的擺出各個舞蹈位置，那實在違反自然，又沒有靈魂。」

> **問題四**　解答 ③

從本文中可以看到鄧肯先跟著劇團表演，從芝加哥到紐約劇團，仍是在表演厭煩無聊的舞蹈。而儘管劇團導演堅持讓她裝上不喜愛的翅膀，甚至鄧肯獨舞時熄滅了所有燈光，仍然堅持跳著她認為的精靈之舞，不受影響。由此可看出，她早年所遭遇到的苦難，更加凸顯出「她對自己的理想有所堅持」。

> **問題五**　解答 ②

《太陽報》報導提及「動作的韻律與聲音的節奏相對應，人體的動作與風、與海融成一體，女性臂膀的姿態就像玫瑰花瓣開展，赤裸的腳尖踩在草皮上，就像一片葉子飄落到地面。」從這些描述可以推論，鄧肯的舞姿讓人們感受到自然萬物的律動與狀態。

鹿野忠雄──熱愛臺灣的昆蟲少年

> **問題一**　解答 ③

鹿野忠雄在國二暑假展開人生第一次採集之旅──調查福島縣的蝴蝶，調查完還撰寫文章刊登在雜誌上，展現了「他對昆蟲的熱愛」。

> **問題二**　解答 ①

根據文章的描述：「江崎博士……帶回來的標本，竟然讓鹿野忠雄下定決心：『我要去臺灣讀書……』。」

> **問題三**　解答 ②

根據文章：「鹿野知道，臺灣氣候較日本更為溫暖，小小的島上，高山與平原的落差極大，衍生出豐富的物種與人文風貌，並不是日本所能比較。」

問題四　解答 ④

作者透過鹿野的身材、與原住民族的關係、學會不同部落的語言、關於鹿野被慫恿結婚的傳說、在學校的上課日數等，來說明鹿野幾乎都待在山裡認真進行昆蟲、地質、原住民文化的研究。故選項（4）為正解。

問題五　解答 ①

根據文章：「三澤校長點頭放行，讓鹿野忠雄順利畢業，進入東京帝大為他熱愛的昆蟲、地質及民族學做研究。」由此可知，三澤校長知道「鹿野在昆蟲、地質、民族等領域的貢獻」，才會同意讓他畢業。

傑克・邱吉爾——讓生命像動漫一樣熱血

問題一　解答 ②

文章開頭提及：「凡人的一生：出生、求學、就業、結婚、生子，精采片刻就那麼幾格。」「你卻比別人多太多了，不合理！」接著提到傑克・邱吉爾的經歷：當過報社編輯、電影替身或配角、模特兒，參加世界射箭大賽，拿下蘇格蘭風笛比賽亞軍，並且喜愛騎摩托車、吹奏風笛、跳傘、衝浪，還曾用弓箭打仗。

問題二　解答 ②

文中提及傑克・邱吉爾在黑夜中突然大叫，讓德軍以為對方的人馬眾多，而嚇到投降。也曾和另一位隊員潛伏接近德國哨兵，並與被俘虜的哨兵一同行動，讓德軍誤以為這兩名英軍是自己人而放鬆警戒，最後共俘虜了四十二名德軍。

問題三　解答 ①

文中提及，邱吉爾說風笛「不能當武器，卻可以鼓舞士氣」，並且回憶他們被德軍包圍時，他吹奏了風笛，彷彿把倖存士兵帶回蘇格蘭高地上，又能讓德軍產生懷疑與困惑。

問題四　解答 ④

故事開始時天使看到傑克・邱吉爾的名字，以為他是英國首相，接著又提到，邱吉爾被俘虜後，德國人「誤以為我是邱吉爾首相的親戚⋯⋯」

堅持夢想我前進

解答與說明

問題五　解答 ③

從文中可知傑克·邱吉爾喜愛追求刺激、冒險，甚至因為第二次世界大戰的結束而感到氣憤，故事的最後作者描寫邱吉爾離開天堂到地獄攻打撒旦，綜合所述，可知其樂於追求刺激生活，可能為感覺尋求人格。

周俊勳——我是這樣挑戰自己的

問題一　解答 ③

文章的開頭描寫：「夜色如墨，孤松棋室裡，一燈如豆。紅面棋王周俊勳，仍在打棋譜。」藉由描述周俊勳和白子對話，讓讀者藉此認識這位棋王。

問題二　解答 ①

周俊勳對白子說：「那你更應該要知道棄子爭先的道理啊，圍棋講究『寧失數子，不失一先』的道理啊，這盤棋如果照規矩下，白子大勢已去，但只要下在這裡……」，接著「周俊勳拿起另一顆白子，把它放進棋盤上，死了一大片白子，『這塊地面卻盤活了，有了新局面，進可攻退可守。』」

問題三　解答 ②

周俊勳提到因為他臉上的胎記，使他被同學排斥而討厭上學。不過媽媽以蘇聯總統戈巴契夫的例子鼓勵他，爸爸也培養他從小下圍棋，未疏於照顧他。

問題四　解答 ④

文章中提到，「覆盤注重過程，尤其在最關鍵的時刻，我們下錯的哪一子，是怎麼影響到最後的比賽。」周俊勳說他之所以這麼重視覆盤，是因為想要知道贏在哪裡，或是輸的原因。

問題五　解答 ②

文中周俊勳回憶起贏得世界冠軍的那場比賽，因為分心而輸掉第二盤，第三盤秉持著「把棋下好」的專注，獲得第一個世界冠軍。當上棋王之後的兩三年，他因為失去信心而不斷敗北，最後找到「放下」的技巧，才能發揮實力，再度奪勝。故選項（2）為正解。

吳季剛——玩娃娃的男孩夢想成真

問題一　解答 ②

蜜雪兒·歐巴馬穿上吳季剛所設計的禮服，出席美國總統巴拉克·歐巴馬的就職典禮，使得吳季剛以設計師之名揚名世界。

問題二　解答 ①

文中提及吳季剛從小就對娃娃、服裝設計感興趣，也提到吳季剛因為喜歡京劇名伶郭小莊的「扮相」，在幼稚園時便有了追星的行為。

問題三　解答 ④

當吳季剛母親與阿姨幫他買娃娃時，要避免人們用異樣的眼光看待；以及在溫哥華時，母親特地為吳季剛準備地下工作室，也是為了避開親友異樣的目光。從這些描述可以看出來，社會氛圍並不期待一個小男孩對娃娃、服飾感興趣，希望「男生有男生的樣子」，因此吳季剛遇到的挑戰主要是「性別」。

問題四　解答 ①

文中吳季剛母親坦承，「自己雖然會尊重孩子、盡力滿足孩子的需求，卻也不免對孩子有著傳統的期望。」

問題五　解答 ①

作者說明吳季剛的設計風格「偏女性化、帶有復古味道」，並且「凸顯女性的優雅」。除此之外，吳季剛也表示，他在服裝中展現蜜雪兒「內在的堅強個性」。

史蒂夫·賈伯斯——人生的三堂課

問題一　解答 ①

賈伯斯自己決定休學，並主動旁聽他喜歡的課程，包含藝術字體。此時他沒有想到這樣的決定，會對未來造成什麼影響。直到最後，他發現他的決定影響了個人電腦對於字體的設定。

堅持夢想我前進
解答與說明

▼ **問題二** 解答 ❹

賈伯斯說明遭到解僱後,他發現自己「仍熱愛原先的工作」,並且「重新開始的輕鬆取代成功的重擔」,讓他進入創意最豐富的時期。而最後賈伯斯也認為,找到自己的熱愛才能長久投入,故選項(4)為正解。

▼ **問題三** 解答 ❶

文中賈伯斯認為若在面臨死亡的時候,仍有自己覺得重要的東西,那麼那項事情便是自己的熱愛、真正重要的事情。故選項(1)為正解。

▼ **問題四** 解答 ❷

賈伯斯一直奉行「求知若渴,虛心若愚」的格言,也「像傻子一樣,固執的投入自己熱愛的事情」。而在賈伯斯所分享的三個故事中,他去旁聽字體課程,最能展現追尋自己的熱愛。

▼ **問題五** 解答 ❸

賈伯斯分享了三個親身經歷。分別是「決定休學、意外影響了個人電腦中的字體設定」「他被自己創辦的公司辭退,再重拾熱情」、「賈伯斯提出他一直把握時間,做出在面臨死亡時,還有執行價值的事」。故選項(3)為正解。

雷·克洛克——
從賣杯子到三萬間分店的神奇旅程

▼ **問題一** 解答 ❹

文中提及克洛克所販售的奶昔攪拌機,一次可以製作五杯奶昔,八臺攪拌機可同時製作四十杯奶昔。但在第二次世界大戰爆發後,景氣不好,一間餐廳不太可能有這樣的需求,故選項(4)為正解。選項(1)錯誤:此時正逢二戰期間,並非「戰爭結束」。

▼ **問題二** 解答 》

☐降低生產成本,以低廉價格賣給商家
☐透過大量廣告,以協助商家宣傳產品

☑ 在日常生活中，觀察人們的使用習慣
☑ 針對銷售對象的需求，提出解決辦法

文章敘述：「別人看球賽，他專心看球迷，看他們喝什麼，怎麼喝，喝完怎麼處理杯子。」克洛克只要有時間就會到沃格林藥妝店，觀察人們中午用餐的情況，並提出「設立外帶櫃臺讓大家買了就走」的建議，讓餐廳的營收大幅增加。

∀ 問題三　解答 ②

文中提及：「克洛克憑著三寸不爛之舌，成功說服麥當勞兄弟，讓他放手一博，在全美國各地設立加盟店。」故選項（2）為正解。選項（1）：克洛克是在成功加盟麥當勞後才成立實驗室，進一步研究如何製作出品質穩定的薯條。

∀ 問題四　解答 ④

文中提及：「要求大家的品質要統一，克洛克希望薯條和漢堡品質可靠，他不希望聽到『紐約的麥當勞比華盛頓的麥當勞好吃』這樣的話。」可以得知克洛克相當重視餐各家分店的餐點吃起來口味是否一致。克洛克用非常嚴格的標準挑選馬鈴薯，除了得知如何炸出最好吃的馬鈴薯外，也堅持要讓所有加盟店都能做出一樣口感、味道的薯條。故選項（4）為正解。

∀ 問題五　解答 ①

插敘是一種敘事的寫作手法，指的是作者沒有完全按照時間順序來敘述故事情節，而是選擇在說明一件事的始末時，插入一段與主要情節相關的敘述。作者開頭便先點出了克洛克在五十二歲時，與麥當勞餐廳相遇的契機。接著使用插敘手法，依序講述克洛克的生涯經歷。而當文章再次講述到五十二歲時，讀者便能透過這些段落的鋪陳，了解克洛克是如何運用這幾項工作的經驗，並具有見微知著的人格特質，而這也是他後來能成功推廣麥當勞餐廳的重要因素。

林義傑──如果放棄了，就只能在旁邊看

∀ 問題一　解答 ③

文中提及：「一開始做個運動員，並不是我父母對我的期待，⋯⋯可是我從小愛運動，於是選擇了跑步。」故選項（3）為正解。

堅持夢想我前進

問題二　　解答 ❶

根據本文:「學校教育應該是讓小孩子知道自己的夢想是什麼,而能去付諸實行。」又說到潘瑞根教練對自己的影響,包括對紀律的要求、社會責任等,由此可知林義傑對於學校教育的態度。

問題三　　解答 ❶

文中林義傑:「我有放棄的時候,我不是每次都很厲害,沒有人可以這樣子的。」展現出坦然接受挫折的態度。

問題四　　解答 ❹

根據林義傑的自述,過去人們都是用駱駝、車子、腳踏車等工具橫越撒哈拉沙漠,此次行動創下了人類歷史紀錄。故選項(4)為正解。選項(1)、(2):皆為林義傑在 2002 年首次參加摩洛哥撒哈拉沙漠超級馬拉松賽所創下的紀錄。選項(3):成績最好一次應是智利阿他加馬的比賽,林義傑拿到第一名。

問題五　　解答 ❶

根據林義傑的自述,超級馬拉松讓他欣賞到了南極、茅利塔尼亞等地絕美的風景,也使他想到非洲的艱困生活,並且在過程中反思「什麼是自由?」

問題六　　解答 ❶

文中林義傑是說故事的人,因此讀者可以看到故事是以「我」的方式來講述的,亦即第一人稱視角。這樣的方法可以忠實呈現受訪者的觀點,彷彿他正在面對面與讀者交談。

許芳宜──以舞蹈征服世界

問題一　　解答 ❷

本文開頭由「黑漆漆的夜晚,一個十歲的小女孩騎著腳踏車⋯⋯」開始,描寫一段許芳宜童年時練舞的經歷。這種帶著故事性、類似小說的寫作手法,直接將讀者置入一個特定時空中,讓讀者理解人物的故事。

問題二　解答 ②

根據文本：「國立藝專的術科要考『芭蕾舞』，許芳宜卻從沒接觸過芭蕾……」，故選項（2）為正解。

問題三　解答 ①

許芳宜從小學習舞蹈的時候，總是第一個到、最後一個走，並且能很快完成老師教學內容，還主動要求學習其他的動作。而報考華岡藝校時，只惡補兩堂芭蕾舞課便能錄取；最後在國立藝術學院中，還獲得羅斯‧帕克斯老師稱讚其有潛力，故選項（1）為正解。

問題四　解答 ①

許芳宜父親教養方式十分嚴格，讓她養成了如努力、自律、守時、守信等品德。故選項（1）為正解。

問題五　解答 ④

文章提及：「來自臺灣的許芳宜，不但是美國知名的瑪莎‧葛蘭姆舞團首席舞者，甚至是二十世紀現代舞宗師葛蘭姆的傳人。」這段文字提供兩項資訊都指向許芳宜的舞蹈成就，故選項（4）為正解。

題目設計｜品學堂
責任編輯｜林爾萱　美術設計｜李潔　行銷企劃｜林思妤

天下雜誌群創辦人｜殷允芃　董事長兼執行長｜何琦瑜
媒體暨產品事業群
總經理｜游玉雪　副總經理｜林彥傑　總編輯｜林欣靜　行銷總監｜林育菁
副總監｜李幼婷　版權主任｜何晨瑋、黃微真
出版者｜親子天下股份有限公司　地址｜臺北市 104 建國北路一段 96 號 4 樓
電話｜（02）2509-2800　傳真｜（02）2509-2462　網址｜www.parenting.com.tw
讀者服務專線｜（02）2662-0332　週一～週五 09:00-17:30
讀者服務傳真｜（02）2662-6048　客服信箱｜parenting@cw.com.tw
法律顧問｜台英國際商務法律事務所 羅明通律師
製版印刷｜中原造像股份有限公司
總經銷｜大和圖書有限公司　電話:（02）8990-2588
出版日期｜2023 年 6 月第二版第一次印行
　　　　　2024 年 9 月第二版第二次印行

訂購服務
親子天下 Shopping｜shopping.parenting.com.tw
海外‧大量訂購｜parenting@cw.com.tw
書香花園｜臺北市建國北路二段 6 巷 11 號　電話 (02) 2506-1635
劃撥帳號｜50331356 親子天下股份有限公司

立即購買 >

優質文本 ✕ 深度理解

從閱讀梳理思路，培養解決問題的學習力

《閱讀素養題本》每道提問均有清楚具體的評量目標，分為「擷取訊息」、「統整解釋」、「省思評鑑」，配合詳解，能幫助讀者辨識文本重要結構，充分了解文章意涵與背後假設，並結合自身經驗提出個人觀點。期待讀者透過題目的引導，更進一步的理解選文，有效提升閱讀素養與思考探究，從而獲得面對生活各種問題的關鍵能力！

題目設計團隊　品學堂

2013 年，品學堂《閱讀理解》學習誌創刊，全力投入閱讀評量與文本的研發；以國際閱讀教育趨勢與 PISA 閱讀素養為規範，團隊設計的每一篇文本與評量組合，即為一次完整的閱讀素養學習。為孩子與教學者，提供跨領域閱讀素養教學教材及線上、線下整合的學習評量系統。

為推動全面性的閱讀素養教育，品學堂也走向教學現場，與各級學校和教育主管單位合作，持續為教師提供閱讀教育增能研習，同時為學生開辦營隊。期望讓我們的下一代能閱讀生活、理解世界、創造未來。

親子天下　Education・Parenting Family Lifestyle